社会問題のつくり方

困った世界を直すには？

SE
SHOEISHA

著・荻上チキ

イラスト・KOPAKU

Contents

Chapter 1　気づく

絶望の「仕組み」に気づく　　　　　　　10
「絶望モード」から「解決モード」へ　　14
「何も変わらない」のって、なんでだ？　16
「わがまま」を「社会問題」化する　　　20
無力から微力へ　　　　　　　　　　　　24

Chapter 2　つながる

チームを作って、存在を知らせる　　　　30
ゴールを決めて、旗を掲げる　　　　　　34
理念と意思決定方法を決める　　　　　　36
誰にでも役割がある　　　　　　　　　　38
活動資金を調達する　　　　　　　　　　42
「反対意見」と「妨害」を想定する　　　44
メンタルケアを意識する　　　　　　　　46

Chapter 3　調べる

「調査」も社会運動だ　　　　　　　　　52
数字に広報してもらう　　　　　　　　　54
声を集める　　　　　　　　　　　　　　56
資料を集める　　　　　　　　　　　　　58
比べる　　　　　　　　　　　　　　　　60
「白書」をつくる　　　　　　　　　　　62
話し合う、話し合う、話し合う　　　　　64

Chapter 4	伝える		
		概念を作る	70
		メディアを理解する	72
		議題設定をする	74
		スポークスパーソンをつくる	76
		記者会見を開く	78
		メディアを活用する	80
		デモって意味あるの？	82
		解決モデルを提案する	84
		いろんな角度から訴え続ける	86

Chapter 5	動かす		
		ロビイングする	92
		政治家とつながる	94
		託す	96
		つなげ続ける	98
		法案をつくる	100
		傍聴する	102
		結果を受け、発信する	108
		休みながら、次、を考える	110
		社会は変えられる	114

「ツノつき」は、通学する際には、
ツノを5ミリ以下に削らなくてはならない

「ツノつき」は、外を出歩く時には、
ツノを隠さなくてはならない

「ツノつき」は、仕事を探す際には、
ツノがあることを明かさなくてはならない

「ツノつき」は、一般人と比べて、
賃金が3割ほど安くても構わない

「ツノつき」は、「ツノつき」同士で
結婚することが許されない

「ツノつき」は……「ツノつき」は……
「ツノつき」は……「ツノつき」は……

Chapter 1

気づく

生まれた時から決められていた絶望たち。

「なんで？」と周りに聞いても、「そういうものだ」と返される。

もう一度「なんで」と聞いたら、「しつこいぞ、反抗的だ」と怒られる。

そのうち慣れる、と大人が言う。

社会は変わらないから、あなたが慣れるしかないのだと。

人々は、理不尽に順応することを、成長と呼んでいるみたいだ。

でも、「やだな」「おかしいな」という思いが残り続ける。

さて、どうしよう。

絶望の「仕組み」に
気づく

世の中には、不公正で理不尽なシステムや
ルール、風習が、やまのようにある。

個性や自由を否定する、理不尽な学校の校則。
会社から押し付けられた、劣悪な労働条件や
就職差別。

人種、性別、出自や容姿等を対象とした攻撃。
差別、偏見、迫害、ハラスメント——。

不公正を経験し、疑問に思ったことは、一度や二度じゃない。
おかしいと思ったことや違和感を、口にしてみたこともある。

これって、不公正じゃないの？
でもそんな疑問を口にすると、必ず誰かが、大きな声で、
多くの声で、ねじ伏せてくる。

「それはお前のわがままだ」
「黙って言うことを聞け」
「決まりは決まりだから、しょうがない……」

どうせ社会は変わらないんだ。
長いものに巻かれよう。逆らわないようにしよう。
従っておいた方が賢いんだ……。

いつしか自分の人生を、他人に委ねてしまうようになっていた。
間違っているのは社会じゃなくて、自分なんだ——。

そんな絶望的な気分でいた時のこと。

「今の状況を整理してみましょう」

誰かの言葉が流れてきた。

『何を言っても変わらない』という状況が続くと、たとえ
変えられる状況になったとしても、『どうせ無理だ』と考
えるようになってしまう。これを学習性無力感といいます

ちょっと難しいな。けど、なんとなくわかる。

「そうすると今度は、変えられないと思い込んでいる現状のシステムを正当化するようになります。服従や従順を選ぶことが、もっとも賢い選択なのだと思いこむようになるのです」

うん、まさに自分のことだ。

「それがさらに進むと、システムに従わない人たちを否定するようになってしまう。世の中にはそうした振る舞いが、本当に、いやになるほど溢れています」

あきらめ、溜め息、冷めた笑い。うん、思い当たる節がある。
そんな言葉にたくさん出会い、そんな言葉に従ってきた。
だから、「どうせ無理だ」って考えるようになってしまったんだ。

「でも、今の社会やシステムが正しいなんて根拠は、どこにもありません。〈今、そのように存在している〉という事実は、その状態が正しいことの根拠にはならない。いうならば、世界は、まだまだ未完成なのです」

言われてみれば、そんな気がしてきたぞ。

「長い時間をかけて刷り込まれてきた無力感、あきらめの仕組みに気づくことが、絶望を脱する第一歩です。さぁ、一緒に社会を変えていきましょう！」

用語　シニシズム

無力感にとらわれた人が、世の中を変えようとする人たちを、単なる目立ちたがり屋や、自分の利益のために活動しているだけだと冷笑することを「シニシズム」というんだ。

「絶望モード」から「解決モード」へ

社会を変える。簡単に言うけれども、本当にできるのかな?

だって、これまでも疑問を口にしたことはあったけど、たしなめられるばかりで、何も変わらなかったじゃないか!

「たしかに、ただ不満を述べるだけでは、変えることは難しいかもしれません。まずは、社会を変えるにはどんな方法があるのかを知るところからはじめてみましょう」

社会を変える方法。たしかに、自分が絶望していたのは「社会の変え方」を知らなかったからなのかもしれない。変える方法を知らないと、「どうせ変わらない」と思うばかりで、いつまでも動けないし、気分も落ち込んだままだ。

「変えるためのレパートリーを増やすことができれば、漠然と絶望するのではなく、『変えるためにはプランAとプランB、どちらがいいか』と、具体的に考えられるようになります」

ふむふむ。なんだか、思考が「絶望モード」から「解決モード」に切り替わっていく感じがするね。

でも、社会を変える方法って、具体的には何があるんだろう。

「これまで変えてきた人の、歩みと方法が、参考になるでしょう」

これまでの歩みと方法。そうか、これまでにも社会を変えてきた人たちがいるんだ。これまで人は、いったいどうやって社会を変えてきたのだろう。

「何も変わらない」のって、なんでだ？

まっさきに思い浮かんだのは、選挙での投票だ。
選挙で、自分たちの代わりに議会で発言してくれる人を選ぶ。
選ばれた人が議会で法律をつくり、社会は法律を守りながら進んでいく。

昔、学校で学んだことがある。
権力が一箇所に集中して暴走しないように、権力は司法、行政、立法の
3つに分散されている。三権分立だ。

学校では、こんな図を学んだ。
社会の仕組みをつくるのは、立法を担当している「議会（国会）」だ。
議会に対して、国民は「選挙」で働きかけることができる。

でも、あれ？「国民」がとれる手段って、本当に「選挙」だけなんだ
ろうか。

むむむ？

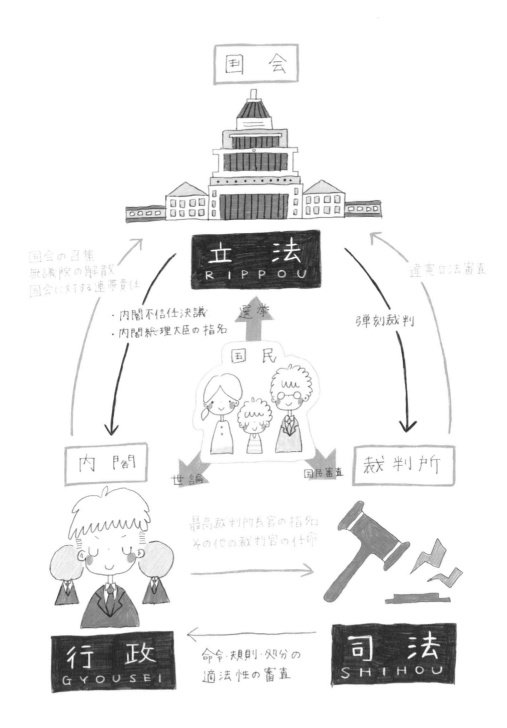

国 会

立 法
RIPPOU

国会の召集
衆議院の解散
国会に対する連帯責任

違憲立法審査

・内閣不信任決議
・内閣総理大臣の指名

選挙

国 民

弾劾裁判

世論

国民審査

内 閣

裁 判 所

最高裁判所長官の指名
その他の裁判官の任命

行 政
GYOUSEI

命令・規則・処分の
適法性の審査

司 法
SHIHOU

そもそも、選挙ってどんな意味があるんだろう？

「投票しても何も変わらない」と言う人もいるけれども、たぶん、正確には違うんだと思う。
投票によって、「誰が議員になるか」までは選べる。
でも、そこから先は、投票だけでは決められない、ってことなんじゃないかな。

議員は、世の中の空気をうかがったり、人の話を聞いたりすることで、「どんな仕事をするか」を考える。

だから、社会を変えるためには選挙にいくだけじゃなくて、議員に「こんな問題がある」と知ってもらい、「解決したい」と考えてもらう必要があるんじゃないだろうか。

でもさっきの図には、その方法が書かれていなかった。じゃあ、無理なのかな？

むむむ。

「わがまま」を
「社会問題」化する

本を読み、「変えてきた人」たちのことを調べてみて、わかったことがある。
社会を変える方法は、やっぱり「選挙にいく」という手段だけではないみたいだ。

そもそも、その選挙も、なんと昔は、一部の人しか参加できなかったらしい。投票
できるのは、高い税金を納めている男性だけ。社会の1%しか投票を許されていな
かった時代があった。そのうち、ある年齢を超えた男性であれば、投票できるよう
になった。でも、女性にはまだ、投票が許されていなかった。

そんな時代には、「選挙にいかせろ」「投票させろ」という要求すら、無茶な「わがま
ま」だと受け止められたらしい。

なんてこった。

もっと調べてみると、驚きの連続だ。

かつては、教育を受けるのだって、医療を受けるのだって、当たり前じゃなかった。
仕事の休み時間だって、休みの日を取ることだって、当たり前じゃなかった。

なんてこった。

誰かが「わがまま」を「これは社会問題だ！」と訴えて世の中に議論を巻き起こして、
社会の空気が少しずつ変わり、その空気を無視できなくなった「ルールを決める人」
が増えることで、新しい当たり前がつくられてきた。

今ある「当たり前」は、誰かがつくってきたことだったんだ。
いいことも、悪いことも。

じゃあ今、自分が感じている違和感や不公正感も、単なるわがままではないのか
もしれない。もしかしたら、「社会問題」だといえるのかもしれない。

社会問題！

ただの、自分の問題ではなく。
社会そのものが抱える、未解決の問題！

なんてこった。なんてこった。なんてこった。

今「わがまま」だとされているものが、実は社会によって放置されている「困りごと」なのだとしたら。

それまで「個人の問題」だとされてきた出来事が、実際には「社会の問題」なのだとしたら。

そのことを世の中に知らせて、社会の空気を変えることができれば、今の世界を変えることだって可能なのかもしれない！

調べてみると、これまでの歴史においても、
世の中の空気を変えるために、さまざまな
手段が取られてきたみたいだ。

デモだったり、スタンディングだったり。
署名集めだったり、団体交渉だったり。
ロビイングやボランティア、勉強会に寄付、
募金。他にもたくさん！

やっぱり、社会を変える手段は、選挙だけ
じゃないんだ。
やれることって、いっぱいあるんだ！

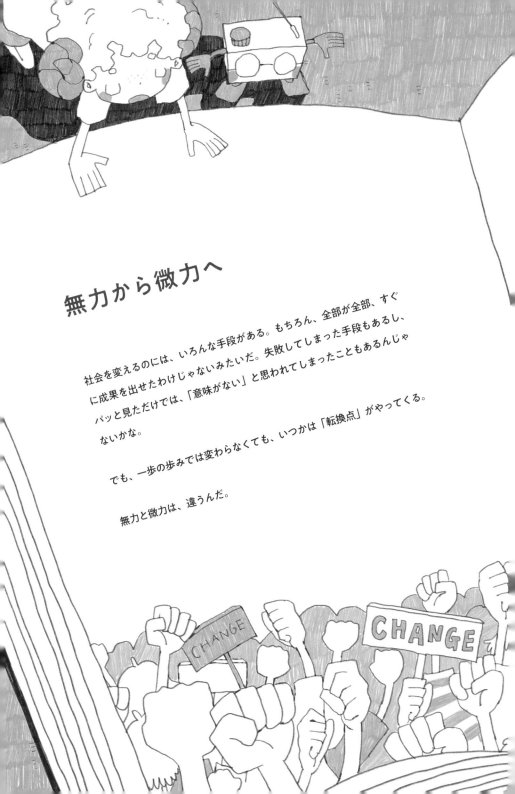

無力から微力へ

社会を変えるのには、いろんな手段がある。もちろん、全部が全部、すぐ
に成果を出せたわけじゃないみたいだ。失敗してしまった手段もあるし、
パッと見ただけでは、「意味がない」と思われてしまったこともあるんじゃ
ないかな。

でも、一歩の歩みでは変わらなくても、いつかは「転換点」がやってくる。

無力と微力は、違うんだ。

自分ひとりで社会に与えられる影響は、まだまだ小さい。

でも、自分には何もできないわけではない。無力というわけではない。

これまでの多くの変化も、たったひとりによって起こされたものではなく、

数々の積み重ねによって成り立っていたみたいだ。

ひとりでなんでもできるわけじゃない。

そうか。ちょっとずつわかってきた、気がする。

仲間と共に、目標を立てて、いくつかの方法を駆使して世の中の空気を変

えながら、社会を変える。

そうだ。まずは仲間とつながるところからはじめてみよう。

「トゲつき」は、通学するにあたり、
拘束服を着用しなくてはならない

「トゲつき」は、トゲが安全であるとの
証明書を、携帯しなくてはならない

「トゲつき」は、トゲの安全証明を、
年に一度更新しなくてはならない

「トゲつき」は、都市部で生活する場合には、
家族を連れてきてはならない

「トゲつき」は、周囲の不安に配慮し、
理解されるように努めなくてはならない

「トゲつき」は……「トゲつき」は……
「トゲつき」は……「トゲつき」は……

生まれた時から決められていた絶望たち。

周囲からは常に怖がられ、「安全」であることの証明を、

毎日求められ続ける。

人目も怖くなり、出かけるのがいやになる。

生活にかかる手間が、なんやかんやで増えていく。

愚痴を呟きたくなり、ネットを開く。

でも、ネットもリアルも、世界は同じ。

一言でも文句を言えば、たくさんの攻撃が飛んでくる。

「わがまま言うな」

「ガマンしているのはお前だけじゃない」

「文句があるなら出ていけ」

そんな中、一つの投稿を見つけた。

「理不尽を変えたい。一緒に活動できる人、いませんか」

チームをつくって、存在を知らせる

アクションを起こすには、仲間が必要だ。
ひとりで行動するだけだと、力は小さい。
でも、誰かと行動すれば、力が大きくなるし、
支え合いながら、役割も分担できるようになる。

あの漫画だって、あのアニメだって、あの映画だって。
個性豊かなチームを組んで、立ち向かったでしょう?

それだけじゃない。仲間を集めてチームをつくることには、
それ自体にも大きな力があるんだ。

「○○で困っている人の会」
「○○当事者の会」
「○○有志の会」
「○○ネットワーク」……

チーム名をつけること自体が、自分たちの存在を知らせる、
一つの手段になる。

誰に知らせるのか。

まずは、隠れた仲間に。
それと、自分たちのことを知らない世間に。
そして、「社会を変える」役割についている大人たちに。

集まること。つながること。それは大きな
力になる。だから昔は、こうやって集まる
ことも禁止されていたことがあるみたいだ。

でも今のこの国では、「集まる」ことが、
市民への権利として認められている。

グループをつくったり、集会を開いたり、
表現したり、働く人たちが団結したり。
どれも、大事な権利なんだって。

僕たちには、たくさんの自由や権利がある。

・平等に扱われる権利
・自由でいる権利（精神の自由、身体の自由、経済の自由など）
・社会によって助けられる権利（生きる権利、教育を受ける権利、
　働く権利、労働環境を改善する権利など）
・政治に参加し、要求する権利（投票権など）

これらは、この社会につくられた、憲法で約束されたものだ。

憲法というのは、国に暮らす人たちから、政府に対して
行われる、命令のようなもの。

もしそこに書かれている通りの社会になっていないなら、
「書かれている通りにしてください」と要求することがで
きるんだってさ。

でも、これだって昔は、当たり前じゃなかった。
昔は、一部の人にしか権利はなかった。
それを、人々が集まって社会問題化することによって、
大きく変えてきたんだ。

ゴールを決めて、旗を掲げる

つながりを大きくしていく。
つながりを使って、変えていく。

でもその前に、まずは、ゴールと理念を決めよう。
何を目指すのかを、はっきりさせるんだ。

そのうえで、仲間たちを募集しよう。

　なにも、最初からチームのメンバーを募集しなくていいんだ。はじめは、解決したい問題についての勉強会や、参考になる書籍の読書会からのスタートでも大丈夫。

　でも最終的には、やっぱり仲間を募集することになる。
「この指止まれ！」って、指を高く掲げて、周りに意思表示をするんだ。

「これから社会運動をはじめます」という、旗を立てるんだ！

理念と意思決定方法を決める

けれども、そうして集まったメンバーが全員、必ずしも「仲良し」になれるとは限らない。
人がたくさん集まれば、当然、相性の良し悪しだったり、好き嫌いだったりが生まれてしまう。

でも、それでいいんだと思う。

それよりも大切なのは、途中で意見がぶつかることがあっても、ちゃんとみんなが、同じゴールに向かって活動できることのはず。

だから最初に、活動の理念と、意思決定の方法をまとめておこう。チーム内の雰囲気づくりの方法まで含めて、あらかじめ相談しておくんだ。

疑問に思ったら話し合う！

意見が違っても人格を否定しない！

こうしたルールを決める時、最初は中心メンバーで話し合って決めることが大事。
最初から全員でルールをつくろうとすると、とっても大変だからね。

でも同時に、一部のメンバーだけじゃなくて、参加している全ての人が、「ここは安全」「ここでは、
自分の話を聞いてもらえる」「自分はここで役に立っている」と思える場所にすることも大切だ。

社会を素敵なものに変えるためには、まずは小さなチーム内を素敵な場所にできるようにならな
いとね。公正な場所づくりを、まずはここからはじめていこう！

誰にでも役割がある

メンバーが集まったら、やることを上手に役割分担していこう。
分業するんだ。

たとえば車をつくろうとした時、ひとりで全ての部品をつくって、ひと
りで組み立てようとすると、すごく大変だし、時間もかかる。工場で、
それぞれの作業ごとに担当を分けてつくった方が、効率がいい。

さらにいうと、一つの工場だけじゃなくて、部品づくりが得意な工場や、
組み立てが得意な工場とで役割分担すると、もっと効率がよくなる。こ
れは、チームでの活動も同じなんだ。

メンバーにはそれぞれ、得意や不得意があると思う。

話すのが上手だったり、苦手だったり。
宣伝が上手だったり、苦手だったり。
パソコンやスマホの操作が得意だったり、苦手だったり。

だから、誰もがリーダーになる必要はないし、ならなくていい。
それぞれが、自分の得意なところで役割を持って、力を発揮できるようにした方が効率がいいんだ。

担当する仕事は、必ずしも「すごく得意」なことばかりじゃなくていい。もちろん、得意な仕事を担当した方がいいのだけれども、この「得意」は、ちょっとした「得意」でも、いいようだ。

だって「役割を分ける」だけで、メンバー全体の負担は減り、それぞれの仕事に集中できるからね。

「世界一得意！」みたいなものではなくても、「このメンバーの中では得意なほうかな」「自分のなかではコッチの方ができるかな」というレベル感でいい。これは難しい言葉では「比較優位」っていうんだってさ。

経済学の本には、
次のようなことが
書いてあった。

ひとりの弁護士がいます。この弁護士が1時間あたり
にこなせる仕事量を、それぞれ弁護が100、事務が
80としましょう。そこに、弁護の能力が0、事務の能
力が5のアルバイトがいたとします。さて、弁護士は
事務の業務を自分でやるべきでしょうか。それとも、
アルバイトに任せるべきでしょうか？

正解は、アルバイトに任せた方がいい、です。パッと
見ると、事務の能力も弁護士の方が高いので、弁護士
が自分で事務作業をした方が効率的に見えるかもしれ
ません。しかし、いくら弁護士の能力が高いといっても、
ひとりの労働量には限界があるからです。

1時間あたりの仕事量を計算してみましょう。弁護士

がひとりで弁護と事務の両方をこなそうとした場合、
それぞれの仕事に半分ずつ時間を割いたら1時間あた
りの仕事量は弁護50と事務40、合計90になります。

一方でアルバイトに事務を任せた場合、弁護士は弁護
の業務に集中することで、1時間に100の仕事量を維
持できます。アルバイトが5の事務仕事をしてくれる
なら、合わせて105になります。弁護士がひとりで両
方をこなすよりも、こなせる仕事量が増えるのです。

弁護士が自分の得意な弁護に、アルバイトが比較的得
意な事務に集中することで、全体の能率があがる。一
見して能力が劣っているように見える人でも、うまく
分業されれば、役割があるのです。

ふむふむ。ちょっと難しいけれども、上手に分業すれば「誰
にでも役割がある」ってことはわかったぞ！
メンバーの得意不得意を把握したうえで、全員が自分の
価値を最大限発揮できるよう、うまく役割を分担しよう！

活動資金を調達する

アクションを続けていくためには、人手だけじゃなくて資金も必要になる。
チームづくりと同時に、資金調達も考えなければいけないんだ。

何を、どのくらいの期間活動するかによって、必要な金額や調達方法は変わってくる。

単発の署名活動？
継続的なメディア発信？
現場での支援活動？

お金を集める方法も色々あって、たとえば寄付を集めたり、何かを販売したり、助成
金や補助金をもらったり。

インターネットを使って、多くの人から少
額ずつの資金を募る。応援してくれる仲間
を増やして、拡散してもらおう！

会員や支援者に、月額あるいは年額の寄付
を承諾してもらうことで、定期的な収入を
得る方法。資金を安定して調達できるから、
長期的な活動にうってつけだ！

企業や財団などからの金銭的支援。公募形
式のものにエントリーして審査してもらう。
調べると、募集がたくさん出てくるよ！

特定の企業や団体などに支援してもらう。
その代わりに、広報や技能を提供する。
WIN-WIN な関係を築いていこう！

グッズの販売や、有料の勉強会など、団体
が提供する商品やサービスから得られる収
益。自分たちで稼いだ資金だから、自由度
高く活用することができるね！

こうして集まったお金は、支えてくれる人たちとの大切なつながり。
みんなでしっかり話し合って、活動に見合った集め方や管理方法を見つけていかなきゃね。

「反対意見」と「妨害」を想定する

社会を変えようとする活動が、すんなり
進むことは少ない。

「今の社会でちょうどいいのだ」
「わがままだ。身の程を知れ」
「私たちを攻撃するというのか」
「自分の問題を社会のせいにするな」

と反応する人たちもいる。

それに

「わざわざ波風立てなくても……」
「みんながそうだと思われたくない……」
「やりすぎで賛同できない」
「自分は困ってない」

なんて反応を、他の当事者からされることもある。

だから、どんな反応が来るかを前もって予想して、そうした声に対する応え方を決めておこう。

けれども、それだけで全てを解決できる訳じゃない。理不尽に叩かれたり、邪魔されたり、しつこく攻撃されたり。

そんなことが起きた時に支え合うこともまた、チームの役割だ。

それにチームがあれば、チーム名を盾にして、攻撃から身を守ることもできる。個人じゃなくて、組織に対しての反応だと思えば、少しはメンバーの心を守ることができる気がするんだ。

メンタルケアを
意識する

活動で忙しくなったり。
たくさんの問い合わせに対応したり。
思わぬトラブルが発生したり。
心無い攻撃を受けたり。

色々な経験をすると、心の病気になったり、バーン
アウト（燃え尽き症候群）になったりすることもある。

でも、社会をよくしようとして、生活がめちゃくちゃ
になってしまったら本末転倒だ。

メンバーでお互いに休息をとりながら。
相談をしながら。
楽しい時間を確保しながら。
無理なく続けられるやり方で、身を守りながら活動
していけるように意識しよう。

「ツノつき」の人は、ツノ削りのために、
毎日 20 分の時間を費やしていた。
その分、睡眠時間や勉強時間を削っており、
成績にも悪影響が出ていた。

「トゲつき」の人は、そうでない人に比べ、
服装代が倍近くかかっていた。
拘束服などが高いためであり、その分、
趣味や旅行、勉強にお金を使えていなかった。

「ツノつき」「トゲつき」がテレビに映る時は、
犯罪や事件が話題になった時ばかりであった。
実際の犯罪率は高くないのに、必要以上に、
恐怖感が植え付けられていた。

「ツノつき」「トゲつき」の政治家は、
これまで数えるほどしかいなかった。
ツノつき、トゲつきの意見が無視される政治が続いた。
一方海外では、ツノ・トゲ政治家が増えていた。

Chapter 3

調べる

世の中に社会問題の存在を訴えるためには、
具体的な根拠が必要となる。
エピソードや数字には、とても力がある。

社会に変わってほしいと思っている人がどれくらいいるのか。
今のルールで不便を味わっている人がどれくらいいるのか。
どんな人が、理不尽な目に遭いやすいのか。

こうした実態を調べることは、
世の中を大きく動かすためには不可欠みたいだ。
よーし、ちょっと難しいけれども、頑張ってみようかな。

「調査」も社会運動だ

「この問題はおかしい」と言うだけでは、世の中を説得するのは難しいみたいだ。
それがどれだけ実感を伴った訴えであったとしても、議論はなかなか前に進まない。

でも逆に、代表的な事例や実態を明らかにする調査なんかがあれば、すごく議論が
しやすくなる。
メディアや国会、世間話なんかでも取り上げられやすくなって、世の中の空気も変
わりやすくなる。

議論の活性化を
うながすデータ集めは、
『調査型アクティビズム』
といえると思います

調べる対象や手段は、色々だ。過去の状況を調べたり、海外の状況を調べたり。
既に誰かが行っている研究を調べたり、公開されているデータを分析したり。
新たにアンケートを取ったり、当事者にインタビューしたり。

でも、こうした調査も、やみくもにやればいいわけじゃない。
デタラメな調査にならないように工夫が必要だ。
きちんと行われた調査じゃないと、議論で揚げ足を取られたり、解決につながらない間違ったアクションを選んでしまったりするからね。

だから、自分たちで調べてもいいし、難しければ専門家にお願いして調べてもらってもいい。
場合によっては国や企業に、調査を要求してもいい。

「国は毎年、このテーマについて調べてください」と求めるのもまた、大事なアクションなんだ。

まずは何のために、何をわかりたいのか。
そのためには、何をどうやって調べるのがいいのか考えてみよう。

数字に広報してもらう

調査データのなかでも、特に数字で証明する統計データは、議論を加速させる大きなきっかけになる。

数字は、紹介されやすいから、

「○○が行った調査によって、□□で困っている人は80％にものぼることが明らかになりました」
「□□で困っている人を、40％まで減らしましょう！」

みたいに、議論の土台やキッカケになりやすいんだ。

統計を上手に取れれば、特定の属性を持つ人が意外と多くいることや、あるグループにいる人が、困りごとをたくさん経験していることなんかがわかったりする。

そんなことがわかれば、人々はその数字をもとに解決策を考えたり、議論を進めたりすることができるようになる。

でも、正しく数字を取るのは、結構難しい。アンケートのつくり方だったり、回収方法だったり、集計方法だったり。

自分で考えるのが難しいなら、得意な人に相談だ！

声を集める

インタビューやアンケートで、たくさんの事例や声を集めるのも大事なこと。

似たような体験をした人がたくさんいるなら、そんな人たちとつながって、エピソードを集めよう。
「こんなことで困ってしまった」「だから、社会にこんな風に変わってほしい」という切実な声が
集まれば、数字だけでは心が動かされない人たちも、共感して応援してくれるようになるかもし
れない！

それに、具体的なエピソードや事例が集まると、統計だけじゃ見えなかった、困りごとの新しい
傾向なんかが見えてくることもある。いろんな角度から調査することが、とっても大切なんだ。

そして何より「他人の声を読む」って経験は、当事者にとってもすごく意味がある。同じような
経験をした人の体験談は、「こんなことで困っているのは、どうせ自分だけだろう」という落ち
込みから、外に出るきっかけになるんだ。

もちろん、「他人の声を読む」という経験は、当事者ではない人にとっても大事。
「知らなかった、そんな出来事があったなんて」「もしかしたら、自分の身の回りにも同じような
思いをしている人がいるかもしれない」みたいに、これまでとは違った「世界の見方」を得るこ
とができるからね。

協力してくれた人のプライバシーなどに配慮しながら、多くの声を集めていこう！

資料を集める

自分達が行った調査だけじゃなく、過去に誰かが行った、関係する調査についても資料を集めて、分析していこう。

過去に、同じような問題を調べた研究はないか。
自分たちと同じような体験談がまとめられていないか。
海外の状況を紹介した資料はないか。
他の国の、真似したくなるような解決策をまとめた資料はないか。

調べてみれば、重要なのに、上手に利用されていない、世の中に全然知られていない調査結果やデータが、やまほど見つかるかもしれない!
それらを整理して、読みやすくしたり、わかりやすく説明したりするだけでも、世の中に新鮮に受け止めてもらえることがある。

わかりやすく説明して紹介する力も、社会を動かすためには大切。
世の中の、使われずに眠っているデータをたくさん掘り起こして、有効活用していこう!

専門家を名乗れるくらい詳しくなれたら最高だ!

用語 休眠データ

世の中には、分析方法が適切じゃないせいで、うまく価値が発揮されていないデータも少なくない。すでに公表されている国が取った統計なんかも、分析をし直すことで、新たな価値を発揮することがあるんだ!

比べる

集めた数字や事例、資料は、「比べる」ことで意味を持つ。

たとえば数字同士を比べる、事例同士を比べる、過去と比べる、他国と比べる。
そうすると、もっともっと色々なことがわかるようになるんだ。

「あの国にはこんな法律があるのに、この国ではまだ、法律がないんだって」
「こういう属性を持つ人は、そうでない人よりも、貧困になりやすいんだって」

そうやって、問題点をドンドン明らかにしていく。

もしかすると、「あの国みたいな制度をつくればいいんじゃないかな」「ここの数字を改善してあげれば、状況がよくなるんじゃないかな」みたいに、やることが見えてくるかもしれないし、

「昔と比べて、困っている人がこんなに増えているんです！」みたいに、問題提起もしやすくなるかもしれない。

何とどのように比べるべきか考えられることも、調査にとっては大切なスキルなんだ！

「白書」をつくる

調査結果をまとめたら、「白書」の形式で公表しよう。
白書っていうのは、現状の分析や将来の展望をまと
めた報告書のこと。

あんまり馴染みがなかったけれども、調べてみると、
思っていたより色々な団体が、色々な問題について
民間の白書を出しているみたいだ。

白書をつくるメリットは、すごく大きい。
調査結果が、読みやすくてわかりやすい資料として
まとまっていると、それだけで関心を持って読んで
くれる人が増える。

たとえば、メディアや議会なんかでも、この問題に
ついて取り上げられやすくなる。「こんな白書が出て
いますが、読みましたか？」ってね。

それに白書は、それがつくられたということ自体が、
ニュースバリューを持つ。「初めてこんなことがわか
りました！」と、大きな話題になる。「白書がつくら
れるくらい、重要な問題なんだな」と思ってもらえる。

裏付けのしっかりした資料は、問題を訴えるための
大事な相棒になる。

丁寧につくり上げ、広く世の中に伝えていこう！

話し合う、
話し合う、話し合う

ゴールを決め、仲間を集め、データを集め、資料をつくる。
その間に、何度も何度も、仲間と話し合う。

どこを、どう、目指すのか。

「やっぱり法律が必要だね」
「自分たちを支え合うだけじゃなく、社会が変わるといいね」

もしかすると、調査結果を見ているうちに、当初のゴールとは違うゴールの方がいいと感じられるかもしれない。
もっと深い考えや、適切なアイデアが浮かぶかもしれない。

そうやって繰り返し考えながら、小さく、小さく、世の中に「賛成」を増やしていく。

そのためにもまず、安全なチームをつくり、チーム内での「賛成」を確認していくんだ。

問題に気づいた。

変えたいと思った。

仲間ができた。

目標もできた。

実態がわかった。

それを伝えたいと思った。

「なんでわざわざ変えなくちゃいけないの」

「ことを荒立てるなんて迷惑だ」

「目立つことをすると叩かれる」

「そんなやり方じゃ変えられないのに」

興味がない人。反対する人。

怯えている人。冷笑する人。

そうした人たちに、どう、伝えればいいんだろう。

Chapter 4

伝える

「『ツノトゲ差別を許すな』というスローガンだと、
ギョッとする人がいるんだって」

「でも、大事なメッセージなのに。言い方にばかり反発されるのは悔しいね」

「メッセージそのものは揺らがせず、
覚えやすくて言いやすいスローガンはないかな」

「うーん。自分たちに共通していて、それでいて共感されるもので」

「言いやすくて、使いやすくて、わかりやすくて、賛成されやすくて」

「じゃあ『もっと多角社会に！』っていうのはどうだろう」

多角社会！たしかに！
ツノがあってもトゲがあっても、そのままで生きられる社会。
このスローガン、いいかも。

概念をつくる

概念について、考えてみよう。

「人権」「市民権」「自由」「平等」
「ハラスメント」「ヘイトスピーチ」「教育格差」「学歴社会」
「男女平等」「障害者差別」「人種差別（レイシズム）」
「ジェンダー」「女性参政権」「気候危機」「性的同意」

概念は、体験に、光をあてる。
世界の見え方を、大きく変える。

日常の中で感じた不快や、目指したいビジョンに名前がつけられると、「これは、こういう社会問題なのだ」と、認識できるようになる。議論もしやすくなる。

既にある概念を、より正しく名付け直すことにも意味がある。
「痴話喧嘩」じゃなくて「DV」、「いたずら」ではなく「犯罪」、みたいに。

ものごとに名前をつけること。
その言葉を世の中に広めること。
それは、社会を変える突破口になるんだ。

メディアを理解する

人とつながり、調査をし、問題を明らかにし、名前を与える。
そしたらそれを、もっと多くの人たちに広げていくことが必要だ。

個人の問題と思われてきたことを、「社会問題」化する。
それはつまり、世論をつくり、社会の空気を変えることでもある。
そうした空気が、人々と政治家を動かし、世界の形を変えることに
つながっていく。

でも、「世の中の空気」って、どうやってつくったらいいんだろう？
そこで重要になるのが、メディアなんだ。

> メディアという言葉は直訳すると『媒体』で、『媒』は人
> と人をつなぎ仲立ちをするという意味。つまり人と人を
> つなぐ役目を担っているのがメディアです。
> 現代には、印刷物、ラジオ、テレビ、ネットなど、様々
> なメディアがあります。これらを用いて社会全体で議論
> を行っていくことで、世の中の空気を変えていきましょう

ふむふむ。でも、いきなりメディアなんて緊張しちゃうな。だって、メディアに出てくるのって多数派の人たちが大半な気がするもん。

たしかに、少数者がメディアを使って問題提起する時、反対派からの攻撃を怖がったり、居心地の悪さを感じたりして発言しづらくなってしまうことは、珍しくありません。でもそうやって少数派が発言を控えてしまうと、多数派の意見ばかりが取り上げられ、少数派はますます発言がしづらくなってしまう。こうした現象を『沈黙の螺旋』といいます

うーむ、なるほど。問題があるのに、黙ってしまう状況が続くのはよくないね。
そんな悪循環を打ち破れるなら、勇気を出して世の中に向けて問題提起をしてみようかな！

議題設定をする

とはいえ、メディアを通じて主張を行っていけば、すぐに世論を動かせるのかと言えば、そうじゃないみたいだ。どれだけ同じ主張を繰り返しても、その意見に同調してもらえるとは限らない。

でも、じゃあメディアを通じた発信に意味がないのかと言えば、それも違う。

みんなの意見を変えることはできなくても、みんなの「議題」を設定することはできるからだ。

「今、これが、みんなで話すべき大事なテーマだ」

メディアを通じて、人々にそのように思ってもらうことを「議題設定」というらしい。

まだまだ社会問題として認知されていない話題は、「賛成/反対」以前に、そもそも存在すら知られていないことが多い。

だからまずは、メディアを通じて発信を行うことで、「このテーマは大切そうだぞ」「社会問題だぞ」と思ってもらう。それまで、まるで「いない」かのようにされていた人々の存在を知ってもらう。そこでようやく、賛成や反対の議論が行われるようになる。

賛成意見を増やすためにも、まずは議題を設定するところからはじめよう!

スポークスパーソンをつくる

発信を繰り返すことで、議題設定していく。

そのためには、表に出て、問題を説明し続ける人が必要だ。

事情を解説し、解決を要求し、説得する。

そんなスポークスパーソン（代弁者）を決めておこう。

ニュースで報じてもらう時、

「当事者のひとりである○○さんはこう語る」

「団体代表である○○さんはこう語る」

こんなコメントがあるかないかで、報道のトーンはだいぶ変わるからね。

わかりやすく伝える力。ものごとを理解する力。

質問に答える力。反論に応じる力。

代弁するにも、いろんな力が必要になる。

もちろん、全部が完璧じゃなくたっていい。

メンバーのなかで、比較的これらが得意な人に担当してもらおう！

もちろん、本人の意向も尊重しながら決めようね。

記者会見を開く

テレビでよく見る、記者会見。

会場を用意して、資料をつくって、記者たちに配布して、取材に来てもらう。
「今こういう問題が起きています。解決するためには、こういう方法があります」
という話をする。

それが大事な問題だと思われたなら、ニュースになる。

記者会見は、特別な人しかできないもの、ではないみたいだ。
記者の知り合いがいれば直接声をかければいいし、いなければ、記者の集まって
いる団体などに話を持っていけば、誰でも開催できるらしい。

でも、どれだけ記者を集めて会見を開いても、報道につながらなければ意味がない。
メディアで取り扱うべき問題だと思ってもらえるように、そして、記者たちが記
事を書きやすくなるように、わかりやすい資料やデータをしっかり準備しよう。

記者たちは、その問題をいちから学ぼうとする人たちだと思って、わかりやすく
伝わる工夫を重ねていくんだ！

> **Tips** 「絵」を用意しよう
> わかりやすいイメージ写真や、見やすくまとめたグラフのパ
> ネルを持ってみたり、メッセージが書かれたポスターを壁に
> 貼ってみたり。話す内容だけじゃなくて、会見がどんな映像
> や写真になって報じられるかまで考えておけると効果的だ！

メディアを活用する

その他にも、いろんな発信方法があるね！
多角的な発信を通じて、味方になってくれる人を増やしていこう！

自分たちのメディアを持つ

ホームページや SNS で発信したり、
冊子やメールマガジンをつくったり。
持続的な発信によって、概念や団体を
知ってもらい、社会問題化を進める。
何か活動をするたびに、記録を残す意
味もかねて、小まめに発信していこう。

書籍を出す

じっくりその問題を学べる機会を提供
することは、一般の人にも、メディア
関係者にも、政治家にも有効な手段。
発信を続けていけば、出版社から連絡
をもらえたりする。自分で企画書を持
ち込んでみるのもありだ！

取材に応える

大事な問題があると記者に伝えて、特集を組んでもらう。

何か事件があったタイミングで、コメントを述べて紹介してもらう。

そうしたことの積み重ねによって、人目に触れる機会を増やしていく。

その場限りにしないように、ちゃんと連絡先なんかはストックしておこう！

シンポジウムやイベントを行う

関係者や専門家を招き、議論を深めて、言葉も鍛える。

力になってくれる人とのつながりが増えたり、新たな層に問題が伝わるきっかけになったりもする。

メディアにも取材に来てもらおう。

配信したり、自分たちでイベントレポートを出したりするのも有効だ！

公の場でアクションする

街に出て、問題を訴える。

デモの様子を発信し、問題の重さを知ってもらう。

署名を集めて届けることで、責任者に対応を求める。

そうした様子を発信することも、忘れないようにしよう。

デモって意味あるの？

社会問題の存在を認知させる手段として、デモやパレードを開催するという方法がある。

デモやパレードは基本的に、当事者や社会問題の存在を可視化して、街ゆく人や参加者にアピールするための手段だ。けれども、期待できる効果はそれだけじゃない。

Tips デモの効果を高める方法
メディアにはあらかじめプレスリリースを流して、デモを行う日時と場所、そして、その前後に取材対応も可能であることを伝えておこう。記者会見と同じで、どんな「絵」を用意すると報じられやすいかを考えておくのも効果的だ！

メディアに取材に来てもらって取り上げてもらったり、参加者たちの連帯を強めたり、これまで意見を表明する機会のなかった人に、活動に加わってもらうきっかけになったり。

最近増えている、SNS のハッシュタグを使ったオンラインデモなんかも同じだ。

「デモなんて意味ないよ」って言う人もいるけれど、それはこれらの、ほんの一部しか見ていないからかもしれないね。

解決モデルを提案する

情報を発信する際には、実情を伝えることに加えて、「要求」や「ゴール」、「解決方法」をはっきりと伝えることが大切。

たとえば、「こういう問題がある」という指摘だけじゃなく、「こういう法律をつくってほしい」みたいな要求を明示するんだ。

「こんなことで困っています」という発信だけだと、「どうせ世の中は変わらないよ」と考えている人は、話を聞いてくれなかったりする。

でもそんな人も、「こうすれば解決できるよ」って提案を一緒にすると、話を聞いてくれやすくなったりするからね。

多くの当事者が望んでいる解決策や、真似したくなるような解決事例なんかを紹介できたら最高だ。調査で集めた情報も駆使しながら、世の中に具体的なアクションを促していこう！

★★★新聞

多角社会の実現を

[差別をなくすため 当事者ら アクション]

[デモ活動]

[代表の訴え]

当事者団体は「根深い問題が調査によって明らかになった。こうした現実に目を向けてほしい」とアピール。その上で代表は、「社会がこの問題を知ることも大事だが、それだけでは不十分だ。問題を解決する法律をつくって、次世代に残さないようにしてほしい」と訴えた。

いろんな角度から訴え続ける

社会にはいろんな人がいる。

「こんな実態があるよ」という知識が届きやすい人。
「他の人もやっているよ」という同調が届きやすい人。
「こんな困りごとがあるよ」という共感が届きやすい人。
「より面白く、新しいよ」という好奇心が届きやすい人。
「手伝ってほしいんだ」という救助要請が届きやすい人。
「わかりやすくて手軽に学べるよ」という利便性が届きやすい人。
「あなたにもメリットがありますよ」という損得感が届きやすい人。

意見の違いだけでなく、感受性や道徳観の違いも、人それぞれ。
相手に応じて、いろんな角度からコミュニケーションを取っていこう。

もちろん、自分の感受性も、とても大事だ。
たとえば、困らされているのはコッチなのに、相手にメリットを示さなくてはいけないというのは、なんだか理不尽な気がする。

それに、応援してくれている人から、「その発信方法は違うと思う」という反応をされてしまうことだってあるかもしれない。

無理のない範囲で、自分たちに合った、世の中との対話方法を探していこう。

正常身体保護法

第一条　この法律は、正常な身体をもつ
子孫の出生を保護するとともに、
その地位と権利を保護することを目的とする。

第二条　この法律において、
正常な身体とは、突起物（トゲなど）や、
変異身体（ツノなど）を持たない、健康な身体を指す。

第三条　行政は、正常な身体の保護にあたるため、
その区別を明確にしつつ、
保護に関わる事業を推進するものとする。

第四条　民間の各機関は、各団体の活動の中で、
法の趣旨を尊重した活動を行うよう努めるものとする。

Chapter 5

動かす

仲間とつながった。

仲間と毎日、助け合った。

おかしいと思ったことについて調べた。

調べたことを社会に発信したら、大きな反響があった。

世の中の空気が変わりはじめた。

いよいよ、世界を変える時だ。

理不尽なルールで溢れた、この世界を変える。
ルールそのものを、書き変えるんだ!

ロビイングする

法律という、社会のルールを変えるために議論をする場所。
それが議会（国会）だ。
だからルールを変えるためには、議会でそのテーマについて取り上げてもらい、
必要な法律をつくってもらう必要がある。

法律に則って、予算を使って具体的な政治をする場所。
それが行政（政府）だ。
だから政治を動かすためには、政府に具体的な問題を知ってもらい、必要な対策
をとってもらう必要がある。

その、どちらをするにも大切なこと。
それが、「ロビイング」だ。

ロビイングっていうのは、色々な政治家などを尋ねて、社会問題を知ってもらうこと。
具体的な情報を伝えて、議論への理解を深めてもらうこと。
そして、議会などで議論したいと思ってもらい、動いてもらうこと。

働きかけるべき相手は、目的によって変わってくる。

自分たちが達成したいゴールは、誰に動いてもらえれば達成できるんだろう？

国会（法律）が対象なのか、地方議会（条例）が対象なのか。
行政（各省庁）なのか、あるいは政治家ではなく民間の企業なのか。

たとえば労働や福祉についての法律を変えたいなら、それらの法律案を検討する厚
労委員会に所属している政治家に会いにいくのがいいみたいだ。

どこで議論してもらうと、社会が動き出すのか。
そのことを、しっかりと理解しておかなきゃ！

政治家とつながる

届けたい声は固まってきた。世の中の空気も応援モードだ。
いよいよ、声を受け止めて、形にしてくれる人とつながる必要がある。

取り上げてほしいテーマに、関心を持ってくれそうな議員は、誰だろう。
探して、見つけて、連絡して。
連絡して、会いにいって、話をして。

政治家は、人の話を聞くのが仕事。
だから、連絡先を公開している人が多いし、
何より、世の中をよくしたいという信念を持っている人が多い。

話を聞いて、実際に動いてくれることもある。
そのテーマについてもっと得意な議員を紹介してくれることもあるし、
より現実的なゴールを一緒に考えてくれることもある。

もちろん、考え方は、政治家もそれぞれ。
理解を示してくれる人もいれば、反対する立場の人もいるだろう。
その人がどういう公約を掲げていて、どんな思想を持っているのか調べ
て、目的に合った人につながっていこう。

託す

政治家に伝えるべきことは、色々だ。

どんな背景があるのか。
どんなデータがあるのか。
どんな世論状況なのか。
どんな海外事例があるのか。
どんな解決策を求めているのか。

必要になるのは、相手に問題を理解してもらうための、
わかりやすいコンパクトな資料。

それと、深く理解して考えてもらうための、データや
事例が豊富な資料。

多くの人が後押ししていることがわかる、署名や新聞
記事など。

用意できるなら、具体的に「国会で、こんな質問をし
てください！」という質問案を持って行ってもいいかも
しれない。

それらをもとに、どのように解決していくのがいいか、
一緒に作戦を立てていくんだ。

つなげ続ける

ロビイングは、「一回政治家と話したら終わり」というわけじゃない。

すでにメディアで大きく取り上げられたり、世論が盛り上がっていたりするテーマの場合は、法案の可決までスピーディに進むこともある。

けれども逆に、まだまだ世の中に認知されていないテーマの場合は、なかなか議会で取り上げてもらえないことも少なくない。長期的な取り組みが必要になるんだ。

だから世論を盛り上げるために、発信を続ける。
集会を開いたり、宣伝したり、出演したり。
出版したり、登壇したり。

用語　超党派
所属する政党の垣根を越えて、共通の目標に向けて議員たちが協力することを「超党派」っていうんだ。こうした、超党派の取り組みとして生まれた法律が、世の中にはたくさん存在するんだってさ！

そうした中で、政治家同士がつながる機会も設けていく。

各党の議員を招待してシンポジウムを開いたり。
議員と市民の勉強会を開いたり。
超党派の議員連盟をつくったり。

政党や派閥などで立場が異なる議員であっても、特定の論点については同じ問題意識を持ってくれることがある。

そうやって、応援してくれる議員を政党に関係なくつなげていくことができれば、もっともっと議論を前に進めることができるんだ。

法案をつくる

ロビイングする時には、国会で議論してほしい内容をまとめた資料を渡すだけじゃなくて、具体的な法案、つまり法律の叩き台もつくるといい。

この書き方だと、要求の一部しか盛り込めない。
この書き方だと、思わぬ問題も出てきそう。
この書き方だと、あの人やあの党は反対するかも。

うーん、うーん。
やんや、やんや。

法律のプロと、政治のプロと、当事者と、
腕を組んで、練っていこう。

そうやってつくられた法律は、これまでもたくさんあったし、
これからもつくられていくべきだと思うんだ！

傍聴する

こうしてやれることをやったら、
あとは議会で議論される様子を、しっかり
見守る。

ちゃんと理解されているか。
ちゃんと質問されているか。
ちゃんと答弁されているか。
ちゃんといい方向に動こうとしているか。

そうやって、起きている議論をしっかり追
い、まとめる。
まとめた状況を支援者に伝える。
必要な情報を政治家に伝える。

そして

「賛成多数。よって、
本法案は可決となりました」

法律が、できた。

第一条
　　この法律は、見た目が異なるという理由で、特定の人々を
「ツノ付き」「トゲイ付き」と呼び、不当な扱いをしてきたことを
踏まえて作った。

　　第二条
　　　　この法律は、変異身体（ツノなど）の有無、突起物
（トゲなど）の有無を理由に、
　　　人を差別することを禁じるものである。

　　　　　　第三条
　　　　　社会に暮らす人は、イ本の特徴によって、
　　　　他人を差別してはならない。

　　　　　　　　第四条
　　　　　　　行政は、イ本の特徴によって、
　　　　　　市民を差別してはならない。

「しなくてはならない」「してはならない」という言葉が並ぶ、
法律。

同じ言葉は使っていても、この法律は、これまでの社会の
ルールとは全く違う。
私たちに対して、「こうするな」と言うのではない。
社会や政治に対して、「差別をするな」と言っているんだ。

なんてことだ。なんてことだ。
社会は、ちゃんと、変わるんだ。

結果を受け、発信する

法律ができた。ようやくできた。
完全ではないけれど。
大事な歴史が刻まれた。
明日から問題がなくなるわけではないけれど。
間違いない、大きな一歩だ。

なぜ、大きな一歩なのか。
どんな法律なのか。
どんな課題が残っているのか。

残った課題を解決するため、
そのことを、引き続き、発信していく。

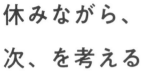

休みながら、
次、を考える

さて、休みも大事。
ずっと走っていたら、倒れちゃう。
よかったね、頑張ったねと、仲間と語りながら。
これからのことを考える。

せっかくだから、自分たちの経験を、配信して
みようかな。

社会は、変えられる

まとめてみよう。

〈考えること〉

- [ ] 何を変えたいか
- [ ] どう変えたいか
- [ ] どう広げていくか
- [ ] どんな手段が使えるか
- [ ] 変えてもらう対象は誰か
- [ ] どれくらいの時間がかかるか
- [ ] 動くメンバーは誰か

- [ ] どう役割分担するか
- [ ] 頼れるリソースはあるか
- [ ] どんなデータが必要か
- [ ] 資金はどうするか
- [ ] 活動する時間はいつか
- [ ] いつまで活動するか

「理不尽に慣れること」「堅苦しさに適応すること」を
成長とは呼ばない。

自分に合った環境を知り、それをつくるための力を身
につけることが、成長なんだと思う。

おしまい。

いや、終わらない。
社会はずっと未完成。
だからあなたも変えられる！

本書内容に関するお問い合わせについて

このたびは翔泳社の書籍をお買い上げいただき、誠にありがとうございます。弊社では、読者の皆様からのお問い合わせに適切に対応させていただくため、以下のガイドラインへのご協力をお願い致しております。下記項目をお読みいただき、手順に従ってお問い合わせください。

● ご質問される前に
弊社Webサイトの「正誤表」をご参照ください。これまでに判明した正誤や追加情報を掲載しています。
正誤表　https://www.shoeisha.co.jp/book/errata/

● ご質問方法
弊社Webサイトの「書籍に関するお問い合わせ」をご利用ください。
書籍に関するお問い合わせ　https://www.shoeisha.co.jp/book/qa/

インターネットをご利用でない場合は、FAXまたは郵便にて、
下記"翔泳社 愛読者サービスセンター "までお問い合わせください。
電話でのご質問は、お受けしておりません。

● 回答について
回答は、ご質問いただいた手段によってご返事申し上げます。
ご質問の内容によっては、回答に数日ないしはそれ以上の期間を要する場合があります。

● ご質問に際してのご注意
本書の対象を超えるもの、記述個所を特定されないもの、
また読者固有の環境に起因するご質問等にはお答えできませんので、予めご了承ください。

● 郵便物送付先およびFAX番号
送付先住所　〒160-0006　東京都新宿区舟町5
FAX番号　　03-5362-3818
宛先　　　　（株）翔泳社 愛読者サービスセンター

著・荻上チキ（オギウエ）

1981年、兵庫県生まれ。評論家、ラジオパーソナリティー。NPO法人ストップいじめ！ナビ代表、一般社団法人社会調査支援機構チキラボ代表。ラジオ番組「荻上チキ・Session」（TBSラジオ）メインパーソナリティ。「荻上チキ・Session-22」で、2015年度ギャラクシー賞DJパーソナリティ賞、2016年度ギャラクシー賞大賞を受賞。著書に『未来を作る権利』（NHKブックス）、『災害支援手帖』（木楽舎）、『いじめを生む教室 子どもを守るために知っておきたいデータと知識』（PHP新書）、『もう一人、誰かを好きになったとき：ポリアモリーのリアル』（新潮社）など多数。
Xアカウント：@torakare

イラスト・KOPAKU（コバク）

Instagram／Youtube／Xアカウント：@amber.089

構成協力　　　　　　　樺山美夏
アートディレクション　尾原史和
デザイン　　　　　　　藤巻妃、大橋悠治（BOOTLEG）

社会問題のつくり方
困った世界を直すには？

2023年12月22日　初版第1刷発行
2024年 2月20日　初版第2刷発行

著者　　　荻上チキ
発行人　　佐々木幹夫
発行所　　株式会社 翔泳社（https://www.shoeisha.co.jp）
印刷・製本　日経印刷 株式会社

©2023 Chiki Ogiue

ISBN978-4-7981-7448-8　　　　　　　　　　　　　　　　　　Printed in Japan